VERBALNI DELIKTI

I bi reč na početku.
Tako nastade verbalni delikt.

Trebalo je da se mozgovi razmahnu,
a ne da se razlete!

Ko drugome jamu kopa – prvi je!

I za ćutanje je potreban sufler!

Kad padne mrak, zvezde požute!

U nesrećnim zemljama pojedinačna sreća
smeta čak i onima koji je imaju!

Narod koji ne veruje u Boga, lakoveran je!

Otkad su rekli da država odumire,
sasvim drukčije shvatam počasne plotune
o praznicima.

Ne posipajte se pepelom kremiranih;
niste član saveza feniksa!

BIBLIOTEKA »REČ I MISAO«
KNJIGA 440

MILENKO PAJOVIĆ

VERBALNI DELIKTI

IZDAVAČKO PREDUZEĆE »RAD«
BEOGRAD, 1990.

Urednici

JOVICA AĆIN
DRAGAN LAKIĆEVIĆ

Sve je počelo u Jajcu i zato je otišlo
u Kumrovec!

Dlaku u Jajcu traže oni
koji su se iz njega ispilili!

Koliko je na granama lista, još je više
bivših komunista!

Nisu mogli da pojedu sve.
Nešto se i povratilo!

Decu revolucije najteže je izvesti
iz državnih jaslica!

Pesma je održala jedino one koji su propevali u policiji!

Jadna je istorija koju pišu oni koji nadžive svoje spomenike!

Trenirali su na ljudima da bi bili uspešniji u lovu.

Nije sve iz rata! Ponešto je iz čista mira.

Kako da nismo gledali »Velikog Diktatora«, samo naš film nikako da se završi!

Prevarili smo se u – Jednom!

Nema sumnje. Pokopana je.

Kad na grobu nema petokrake i to je neki znak!

Mrtav, a još živi primer!

Bio je broj jedan, a ispao nula!

Najveći maneken komunizma prošetao je
svim pistama sveta, ali mogao je da se nosi
i ranije!

Kad je diktator išao na put mira,
pratila ga je cela ratna mornarica!

Narodu se obraćao u svoje i u ime svoje
supruge. U ime naroda obraćao se samo
osuđenima.

Piramida vlasti, to je masovna grobnica!

Pokloni se u Kući cveća i – završi!

Kolektivni šef države: jedan na sve,
svi na jednoga.

Ne mogu da se smisle, ali nešto će valjda
smisliti!

Politička Kama-sutra: ne možeš da jebeš
ceo narod iako ga držiš u odgovarajućem
položaju!

Socijalizam je svetski proces koji je
izgubljen!

Aplaudirali smo nadajući se da će
socijalizam proći dok udariš dlanom
o dlan!

Sva sreća što je socijalizam građen montažno!

Naša budućnost već uveliko zrači!

Savremeni robovi žele da raskinu nuklearne lance!

Umesto »peršinga« dižite džamije!

Krivi su pravci!

Ni kokoška, ni jaje. Najstariji je mućak!

Kad vam nabiju rogove, onda svi duvaju u isti rog!

Sada je jasno zbog čega smo u svetu najpoznatiji po naivcima!

Da pobednik uvek ostane go i bos vidi se po onom na Kalemegdanu!

Maternji jezik se ne čuva za zubima!

Kad mali dele pravdu, čini im se mnogo velika!

Menjam svet – preko štampe!

POZNAVANJE PRIRODE I DRUŠTVA

Socijalizam sve više postaje masovni spektakl!

Izgled kulturno-istorijskih spomenika mnogo govori o našoj budućnosti!

U socijalizmu su radnici napisali najviše knjiga, a intelektualci su postali nezamenljivi na fizičkim poslovima!

I zvezda je nečiji krst!

Čitamo vaše članke. Vi ste glista!

Vreme je da uvedemo neko odlikovanje
sa zracima nade!

Znam diktatora koji za državni praznik
amnestira one koji su na slobodi!

Nemam više svoju senku. Neće ni ona
da me prati u ovakvim vremenima!

Svima nam je u glavi jedno, tako da za
mozak nema prostora!

Da li nam je preči metro ili političko podzemlje?!

Budi se istok, preko noći!

Nemam državu, to sam ja!

Odmaknimo se od velikog dela
da bismo mogli da ga sagledamo!

Da nije nekrologa, o ljudima se
više ne bi čulo ništa lepo!

Pamet nismo uspeli, ali smo glupost
zadržali u granicama!

Demokratija: treba koristiti svaki trenutak
da se narod sasluša!

Nemamo izbora, pređimo na glasanje!

Najgori iz branše uvek govore ono
što bi vlast želela da čuje od najboljih!

Inteligencija misli da je vlast
u pogrešnim rukama.
Vlast misli da je
inteligencija u pravim rukama!

Sistem je odličan, samo što niko nije
za njega!

U ratu sve za front. U miru sve za
spomenike frontu!

Jedino se može još nešto izvući
na – geštetneru!

Strah se seje na mnogo više površina
nego što je planirano!

Krenuli bismo mi u tehnološku revoluciju,
ali nikako da pukne ustanička puška!

U poslednje vreme mi je toliko loše,
da se osećam kao komunist!

Toliko etnogeneza! Nikad ne znaš
u šta ćeš se izroditi!

Do velikih trofeja dolazi se jedino
krivolovom!

Pesme su moje, ali snove ne prepoznajem!

Bio je pristalica pokreta. Pristajao je
na sve!

Svi smo mi jednaki, reče kalup!

Ne može se više živeti za umetnost,
jer je umetnost živeti!

Niko u svom selu nije postao pop,
ali sekretar komiteta jeste!

Ispade da je tradicija i kultura
nekih naroda mnogo duža nego što oni
postoje kao narod!

Od vaše istorijske figure mnogo je
ako ostane i za poprsje!

Naši snovi bili su veliki čak i za Frojda!

Jedino nam nije falila daska
za počasne tribine!

Knjige smo uvek držali uza zid!

Čovek pre svega! To mu dođe kao aperitiv!

Točak istorije nije glup!

U ratu je bio u pokretu otpora
u miru u otporu pokretu!

Ima sinova naroda kojima cela zemlja
plaća alimentaciju!

Ne piše se dobro zemlji u kojoj političari
hoće da budu pisci, a pisci političari!

Da su stari Sloveni znali šta ih čeka,
ne bi se ni doselili na Balkan!

Kad vidim neku decu Revolucije, prosto
ne mogu da verujem da im je ona majka!

Pošto nemamo zajedničkog,
jedni drugima smo cilj!

Ko se zadnji smeje, smeje se sa
naslovne strane!

Posle rata je bilo bolje. Ima mišljenja
da bi bilo bolje i posle ratnika!

I nismo više tako nepismena zemlja
da bi državnici morali da pišu tolike
knjige!

Jugoslavija je naš Skadar na Bojani.
Sedamdeset godina je gradimo
i isto toliko rušimo!

Fenomeni: što kvarniji, to duže u upotrebi!

Konkurencija jeste nelojalna, ali
ne moramo da prodajemo ljude!

Kad svako peva svoju pesmu,
narodu preostaje da bira hit!

Doušnike smo ostavili bez posla.
Nemaju više šta da otkucaju!

Otadžbinu smo izgubili sa dva,
a vratićemo je sa tri prsta!

U vinu je – vaistina!

Samo trgovi znaju šta narod želi!

Pravimo peticije da bi nam mogli sve po spisku!

Gledam Jugoslaviju. Voleo bih da me izgled vara!

Dok su pravili parade, držali su korak!

Bride mi dlanovi. Osećam da će aplauz
preći u ovacije!

Kao u grčkim tragedijama:
pre govornikovog monologa peva
revolucionarni hor!

Ako su i deca Revolucije, naigrala su se!

Tamo gde se mnogo krade, najpošteniji su
oni koji kradu bogu dane!

Sada najpre prevedu kapital, pa onda idu
u zatvor!

Nije lako urediti zemlju bivših šegrta
jedne i bivših hajduka druge carevine!

Dugo smo klicali, a onda su došle
epidemije!

Od svega u šta smo se zaklinjali,
ispade da je jedino Coca-Cola ono pravo!

Slobodni strelci promašuju život!

Poštena inteligencija je toliko poštena
da to više nije znak inteligencije!

Kad se država mnogo meša, masa postane kašasta!

Sposobni smo da se uključimo u evropske programe – naročito televizijske!

Zemlju smo obnovili. Srušili smo ljude!

Nema više potrebe da izmišljamo neprijatelje. Sad moramo da izmišljamo prijatelje!

Posledice Černobila: Socijalizam je najzad ozračio i Zapad!

Čitaj kako je napisano – na transparentu!

Otvorimo muzej oveštalih figura!

Pooštrite kriterijume za izlazak
iz Partije!

Nije srednji vek, ali buzdovani
opet odlučuju!

Jedino su izbori za mis imali
više kandidata!

Vlast negativno utiče na ljude. Evo
do čega je dovela našu radničku klasu!

Za razliku od znanja, školovanje je
obavezno!

Pišite propalo, ali gledajte da to
ne zvuči senzacionalistički!

Ovo je ludost, ali nas zato niko ne može
u zdrav mozak!

Ostao je do kraja na braniku – mercedesa!

Narod je zaslužan. Pojedinci su ga izdašno odlikovali!

Drugovi, pravićete vi ovaj narod od blata!

Da li je verbalni delikt kad ceo narod pošalješ u materinu?!

Znam ustaničku pušku kad je pištolj bila!

Hleba i igara imamo, fali nam narod!

Čoče, kako to gordo zvuči!

Dozvolite mi da održim svoj maternji govor!

Dopunska nastava u diktaturi: obavezan je policijski čas!

U komunizmu ćemo svi biti nezaposleni!

Mi smo protiv »rata zvezda«, jer nam je dosta i zvezda i rata!

Najpre je prolivena krv, zatim znoj,
pa onda – pljuvačka!

Sve nam se već desilo, zbog toga
više i nema šta da nas iznenadi!

Žiga me srce. Bojim se državnog udara!

Jedni su slavu proneli zemljom, drugi
su je prošvercovali u inostranstvo!

Da bi se čovek potvrdio, mora da mu
udare žig!

Pojedinci su u ogromnoj većini!

Naši Prometeji čuvaju prvomajske vatre!

Prava na glupost su nam zakonski zagarantovana!

Moja zemlja nije toliko brdovita, koliko je na Balkanu!

Ljudi se sve više ponašaju kao da su pušteni sa nuklearnog lanca!

Čuvajte glavu za bolje dane!

Naši nerazvijeni postižu sve bolje rezultate. Naročito u borilačkim veštinama!

Najveću produktivnost postigli smo na glasačkoj mašini!

Prilog predlogu ustavnih promena: Darvinov zakon je već predugo na snazi!

Naši narcisi ni sebe više ne mogu da vide.

Glupani su na okupu, pametni su izgubljeni!

Mi stojimo postojano kao klisurine,
i tako stojimo, stojimo, stojimo...

Ko radi – taj je nezaposlen!

Gordi smo, samo, fali nam čvor!

Mislili smo da smo iskorenili vaške,
kad, ono, sad svaka vaška obaška!

Pošto je problem u rečima, himnu možemo da zviždimo!

Ne možemo da se merimo sa razvijenim svetom jer nam je uzeo meru!

Političar je propao tek onda kada mu memoari postanu izdavački promašaj!

Jedino što je uradio na svoju ruku jeste – što je spavao!

Nije bitno u ratu! Važno je da smo u ratnim filmovima svi podjednako učestvovali…

Za razliku od glave, stopa nam je uvek bila progresivna!

Tupljenje, to je mač sa dve oštrice!

Komunizam: Svako će dobijati batine prema potrebama!

Svaki zabran ima svoje strašilo!

Dajte, glavu gore!

»Nismo dobro videli,« rekoše potomci slepih pevača.

Grafiti se pišu slobodnom rukom!

Za razliku od predstave o sebi, naše predstave o svetu su avangardne!

Druže, ponašate se kao da vas je narod izabrao!

Teže je sa okorelim prijateljima, nego sa okorelim neprijateljima!

»To i vrapci znaju,« reče papagaj.

U socijalizmu nema građana prvog i drugog reda. Ima samo građana u redovima!

Najpre je delio sudbinu naroda, a posle i narod!

Sve po ključu, a bravara nema!

Traži se sveža krv, ali davaoci su se opametili!

Poredak je dostojanstven jedino
na pogrebima!

Zato što su pušili lulu mira, Indijanci su
istrebljeni!

Život je postao toliko vredan da ga nemaš
za šta dati!

Iz budućih biografija naše dece:
»Rođen(a) je u siromašnoj porodici
visokih intelektualaca...«

Nisu za alternativne pokrete čak ni u
svom bračnom krevetu!

Od pravog dijaloga jedino je još
ostalo ponešto u pozorištu!

I kamen mudrosti pretvoren je u kamen
spoticanja!

Sve strašno poskupljuje, ali dobro je
dok sloboda nema cene!

Da smo postojali, uverimo se tek u
etnografskom muzeju!

Ko kaže da nema šta da tražimo?!
Sve je izgubljeno!

Povedite računa o dizajnu!
Laži su sve bolje upakovane!

Izdajem otadžbinu sa upotrebom
međunarodne kuhinje!

Mi smo tragičan narod, ali to
ne umanjuje našu komediju!

Ne plašite se različitih, već istih
mišljenja!

Kad se Istok probudio, nije mogao da
veruje kako je već na Zapadu!

Mir provodimo u dokazivanju ko je u ratu
bio s koje strane!

Stisnuta pesnica – šaka jada!

Čelo mu jeste nisko, ali ima taman
za dva prsta!

Ne plaši se! Nemaš nikoga iza sebe!

U cara Trojana probušene uši!

Mi smo jurišali na nebo mnogo pre
super-sila!

Ne brinite, posle rata će biti bolje!

Ne tražimo istinu. Ona traži nas!

Ispostavilo se da je pobeda bila
mnogo uverljivija od pobednika!

Član je saveza, ali je više za
koktel partiju!

U žabokrečini, svi su punoglavci!

Moderan i savremen političar je uvek
za najnovije odluke!

E, dobra stara vremena! Povratiše se!

Čim su stari Rimljani počeli da prave
letnjikovce, zimovnike i vile sa termalnim
bazenima, carstvo je krenulo u propast!

Noseće snage su jedino po tome što nose
transparente!

Narod u opancima voli čizmu!

Pobedio je sebe, a onda je podigao spomenik pobedniku!

Ko voli da stoji mirno, uvek će naći himnu!

Koliko smo krupnim koracima išli, najbolje se vidi u blatu!

Slobodno! I erogena zona joj je demilitarizovana!

Bolje je bilo imati ratne nego
školske drugove.

Panjevi traže glave!

Zemlja ni živima nije laka!

Balkanski sindrom:
Više kompleksa niže vrednosti čine
jedan kompleks više vrednosti!

Najgore je kad nepismeni udare pečat!

Demonstrant: Ima bata bubrege, ali obijene!

Srbija ima dve kamenice: Kosovsku i Sremsku!

Čim letiš, počneš da mašeš!

Nije ovo obećana zemlja. Ovo je obećani narod!

I socijalistički duh se priviđa na partizanskom groblju!

Od cele svečanosti, svečana je bila
samo tribina!

Vratimo se prirodi – da bacimo otpatke!

Kad ne može u državi, narod pokušava
da nađe sreću u državnoj lutriji!

U nekoj novoj nacionalizaciji
najlošije bi prošli oni koji su
prošli put nacionalizovali!

Neprijatelje smo pobeđivali goloruki!
Sebe sa dva prsta.

Preterali smo s demokratijom.
Svako može da ti kaže šta misliš!

Dok se mi još prepiremo ko je
u Revoluciji bio na kojoj strani,
drugi izvedoše tehnološku revoluciju!

Škole se uče, a partijske škole se pohađaju!

Mendeljejev je propustio samo jedno:
nije naznačio koji su elementi napredni,
a koji nazadni!

Svi putevi vode u – Sibir!

Stara Jugoslavija je propala, a i ova je dugo nova!

Nije čudo što na Kosovu plaču.
Oni su iz srpske kolevke!

Kad bivši robijaš uzme vlast,
prvo napravi novu tamnicu!

Revolucija je tekla sve dok
kapitalističke banke nisu zavrnule slavine!

Ovako jadnim predstavama trebalo je
zabraniti pristup našoj deci i omladini!

Oko panja sva odlikovanja!

Kako stvari stoje, Južni Sloveni
će uskoro da postanu Severni!

Proveren je. Nema u njemu ničega!

U ovoj zemlji jedino su medvedi
ostvarili svoj san!

Prava većine, za Srbe, važe jedino u ratu!

Za pohvalu: socijalizam je ideja koja je
u ovom veku proganjala najveći broj ljudi!

Prekaljeni su poslani u staro gvožđe!

Prošlost vrvi od falsifikata,
ali nam je zato sadašnjost originalna!

Ko je bio na vrhu vidimo tek kad siđe!

Samo Seljenje Srbina Spasava!

Nije kod nas sve tako crno. Belo gledamo!

Naše peticije sve više liče na
popis stanovništva!

Jedino vam može upaliti na guranje!

Srećem decu Revolucije:
završavaju sa »unučićima«.

Iz čitanki smo morali da naučimo napamet
samo pesme posvećene nepismenima!

Savremeni vitezovi se izazivaju na dvoboj
preko štampe!

Zaključak: Narod je jednoglasno usvojen!

U krajevima sa najnižim stepenom higijene
potvrdili su se etnički čistunci!

Nema više dvorskih budala.
Postale su kraljevi!

Da nije nas, svet ne bi video
toliko »velikih naroda«
na tako malom prostoru!

Sada političari šalju radnike
da se vrate u bazu!

Ne znam koliko činova je imala naša drama,
ali dovedeni smo pred svršen!

Državu plaćamo sve skuplje,
a sve je manje osećamo!

I kod nas su najbolje nagrađeni
radnici na platformama!

Postavlja se pitanje da li je naša
spoljna politika u skladu sa vanjskom?!

Sinulo im je.
Videli su kako im padaju zvezde!

Danas jedino što čovek može da uradi
za svoju dušu, jeste da zapali sveću!

Jedino pametni plaćaju porez na budale!

Za razliku od legendi drugih naroda,
naše su još uvek žive!

Slobodi se ne podižu spomenici.
Podiže se sloboda!

Najteže je bilo uzeti vlast.
Posle je sve bilo igra!

Ne bojte se.
To je samo politički trenutak i – gotovo!

Sve je prolazno – socijalističkim putem!

Birajmo bolje jer se najbolji nisu
dokazali!

Sledeći put ne smemo dozvoliti
da pobede bolji!

Kičma sistema se ne sastoji, valjda, samo od članaka?!

Ako ih je mnogo iza rešetaka,
onda se ne zna ko je sa koje strane!

ČEŠLJANJE JEZIKA

Hleba i memoara!

Krenimo za svetlim primerima koji stoje!

Đavo je odneo šalu. Zbilju ne može ni on!

Opekao sam se na žaru svoje mladosti!

Idealna država: zdravi u bolnicama,
pametni u ludnicama, nevini u zatvorima,
moralni u javnim kućama!

Sloboda govora postoji
ukoliko svi govore isto!

Ne pokazujte tako otvoreno
koliko volite svoju zemlju.
Nju je zbog toga pomalo stid!

Narodu je od sreće udario suzavac na oči!

Stalo nam je da nam krene!

Što oslobodioci više slave svoje delo,
to je Slobode manje!

Drugovi, kucnuo je policijski čas!

Drvo života baca najveću senku!

Glavom nije probijen jedino zid plača!

Ispadne kamen temeljac, i, eto kule
u oblacima!

Mnogo toga je nakrivo nasađeno, ali
ima i dobro nasađenog!

Za ovo vreme imamo nos, usta i uši,
samo smo bezočni!

Uzalud je očekivati da stvar preseku oni
kojima je pala sekira u med!

Ponekad je hrabrost ostati kukavica!

Više ne znam da li je Trg Republike
sa pokrajinama ili bez njih?!

Najviše punih pogodaka imali smo u ratu!

Busanje u grudi je pripremanje terena za medalje!

Mrtav je. Izašao je na površinu!

Kamen po kamen – kamenovanje!

Jedni su se borili, drugi nisu imali ništa protiv.

Pre rata je bilo tako.
Posle, i tako – i tako!

Borićemo se do poslednjeg!
Onda će poslednji uzeti stvar u ruke!

U nekome se budi Istok, u nekome Zapad!

Kako da šaljemo pesnike u narod,
kad nam ceo narod ode u pesnike!

Većina bi češće morala da proveri
nije li u manjini!

Ima ateista koji žive ko bog!

Ubiše se pucajući na položaj!

Snovi revolucionara nisu se ispunili,
ali su im se isplatili!

Dok smo lakirali, išlo je glatko!

Pred nama je budućnost! Mi smo za
njom...

I nismo više toliko nepismen narod
da bismo se tako čvrsto držali
nepisanih pravila!

Paraziti su toliko vidljivi
da su mikroskopi izgubili svrhu!

Bolje je da država štiti medvede,
nego obrnuto!

Ne silazi mi s uma pre nego što sam siđem!

U političkim duelima pobeđuje onaj
koji prvi povuče reč!

Prazne glave se najlakše podižu!

Srećom, i ovo vreme će jednog dana biti
»staro dobro vreme«!

Spomenik je otkriven.
Investicija je nepokrivena!

Osećam se kao novinski feljton:
rado me čitaju, ne uzimaju me ozbiljno,
i – nikad ne izađem ceo!

Zamenio je tezu i – doktorirao!

Ko nema u glavi, glavni je!

Narod je za postupke svojih rukovodilaca odgovoran pred svojim rukovodiocima!

Um caruje, snaga se kladi!

Kaže da je internacionalist. Mogao bi da pripada svakom narodu osim svom!

Druže, dugo si se održao na narodnoj vlasti!

Dodeljena mu je i nagrada i životno delo!

Živim tako da bi mojim komšijama
bilo dosadno ako bih živeo bolje!

Prvo što mu je palo na pamet bila je – kap!

Najopasniji hobi: sakupljanje prijatelja!

Specijalitet nacionalne kuhinje:
»Jedite se živi.«

U planskom periodu u potpunosti su
ispunjene jedino želje slušalaca radija.

Umesto dela, odležao je pisac!

Satiričaru dva puta pada mrak na oči:
pre i pošto napiše!

Nije lako sa panjevima;:
uhvatili su duboko korenje!

Simptomatično je kad patriotizam postaje
privatna stvar svakog pojedinca!

Najveće uspehe požnjeli smo u Potemkinovim selima!

Neka Kraljević Marko dokaže kako je stekao vilu Ravijojlu!

Pametan je onaj čovek koji ne primećuje ni onog koji mu je trn u oku!

Ratni veteran: bolje rat nego pank!

Igrale se delije nasred uže Srbije!

Voleo je Otadžbinu! Imali su nekoliko
lepih zajedničkih trenutaka...

Lako je praviti se Englez.
Probaj da se praviš Srbin!

Išao je poslednji, ali su svi pred njim
išli natraške!

Više zastava na jednom mestu
pobija se samo na ničijoj zemlji!

I za prekomernu ljubav prema otadžbini
važi ono: voleti pa propasti!

Opio se. Pomešao je »Cezara«,
»Napoleona« i »Karađorđa«!

Časna reč je uvek pionirska!

Himna nije kriva što loše stojimo!

Pitanje je da li je Eva zbog batine,
ili batina zbog Eve iz raja izašla?!

Kad smo svi obuli cipele, neki su
iz prestiža pošli bosi!

Lepša budućnost je već prošla!

Jedni drže oružje kod kuće,
drugi pucaju niz svet!

Krivu Drinu pokušavaju da isprave
još jedino balvani!

U komunizmu ćemo svi biti besmrtni!

Ima zaslužnih Jugoslovena.
Neodlikovanih više nema!

Spis o Uzvišenom zamenjen je
spisom Uzvišenog!

Stalno bijemo bitke, kao da su one krive!

Nije da smo bez štofa, ali preovlađuje
»teksas«!

Divimo se spomenicima koji
slave projektante!

Išlo bi se brže da nema mnogo onih
koji puze!

Kad vlade izmenjaju note,
nastupa nova pesma!

Dvorske lude u socijalizmu
zabavljaju celu naciju!

Ideali se menjaju. Idealisti teže.

Opasno je kad se od policije traži
veće zalaganje na radnom mestu!

Šta će nam Sajam knjiga? Pročitali smo se!

Vaša Svetlosti, više svetlosti!

Svet je pun praznih ljudi!

Ako tvrdiš da voliš svoju zemlju – ori!

Bili smo ništa – bićemo sve!

Kad sve žene postanu feministkinje,
deca će se igrati samo tate!

Natalitet rapidno opada, ali zato je
mentalitet u porastu!

Divan Vam je govor! A, kod koga Vam je
original?

Čim narod počne da čita novine između
redova, dolazi do nestašica hartije!

Opstajte ovde!

Neki naši susedi nisu još otkrili
svoje geografske karte!

Savremeni Diogen neće da izađe iz
bureta baruta!

Premali nam je kolač za ovoliki krem!

Što ste veća marka, više vas opljunu!

Mi smo zemlja radnika i seljaka:
seljaci u fabrikama, radnici u inostranstvu!

Misle da su lučonoše ako podmetnu požar!

Odgovornim drugovima se ne može zameriti.
Uvek kažu više nego što znaju!

»Prošo voz,« reče Ana Karenjina.

Najjača su udruženja slabića!

Mašina za ispiranje mozga ima najviše programa!

Odsvirali smo. Tražimo nove instrumente!

Jedino još nismo uspeli da dupliramo
kapacitete mozga!

Eh, da mi je sadašnja pamet,
ala bih bio glup!

Karijera se kuje dok je masa vruća!

Istorijske uloge dodeljuju se i naknadno!

Isti nam je maternji jezik,
samo ne možemo da se dogovorimo
kako nam se zove majka.

PAMETNIJI POPUŠTA

Kleknite, ako hoćete da startujete!

Odvaljenim od brda obećane su doline.

Ko visoko leti, manji izgleda!

Nije ni po babu, ni po stričevima.
Po majčinoj je liniji!

Kako stvari stoje, valjalo bi da legnu.

Povijte se, ispravljaju se nepravde!

Oni što pređu preko svega – idu dalje!

Dunav je naš najsigurniji priliv
iz inostranstva!

Zastave su kao zavese.
Kad padnu – svršeno je.

Kad je čast u pitanju, mi ćemo viski!

Čim mu je sinula ideja, zagrmelo je!

Paukova mreža se plete odozgo.

Sport je dosledniji od politike.
Profesionalci ne igraju sa amaterima!

Prekrižili su ga.
Kakav plus za njega!

Čim isplivate na površinu – pokvareni ste!

Demagoški je tražiti od inkubatora
da vaspita pile!

Podigli su nas na noge i – seli
na naša mesta.

I rupe su zakon!

Nije govor! Govornici su u kopijama.

»Čovek je naše najveće bogatstvo,« kažu, misleći na svoje ljude.

Ne snosite odgovornost! Neka ostane gore!

Od šetačke staze prave životni put!

Iako umrete uspravno, opet vas spuste!

Citirant: »Nebo je plavo, što reče Marks!«

Treći svetski rat bio bi najveći čas
anatomije u istoriji!

U kom god kolu igrate, vrte vas u krug!

Toliko se prsio, da je pao na leđa!

Ako toliko delimo optimizam,
šta će od njega na kraju ostati?

Omiljeni ste na svakom mestu,
osim ako ste na svom!

Sirotinja je najbogatija. Uvek sve plati.

Riba ispliva u svakoj vodi zato što ćuti!

Potomci su odbili jezičko nasleđe.

Nije sve u redu. Red je ispred svega!

Razoružan je. Oduzet mu je revolt!

Polutani su. Od jednog balvana!

Nisu dobro obavešteni izvori.
Bolje su obaveštena ušća!

Svi su tu, otsutan je jedino duh!

»Pesniče, dug svoj znaš,« reče kelner.

Što trezan misli, slavan govori!

Pala mu je sekira u medijum!

Kulturni talog smanjuje kulturni nivo.

Nepismeni se najviše pozivaju na rodoslovlje!

Piscu na sudu: »Jeste li nagrađivani?«

Eno pesnika koji je svoje pesme ispevao domovini na uvo!

Preučen pisac: ne razlikuje
svoje od tuđih tekstova.

Život piše – recenzije!

Savremeni Sizif valja gluposti!

Znam novinara koji je članak partije.

Hranili smo vukove da bismo imali
što više ovaca!?

Lako je seljacima.
Uvek mogu da se uhvate za slamku!

Računamo u kom smo kolenu seljaci;
po svemu sudeći – u oba!

Ovce uvek misle da su na broju!

Selo je preporođeno! Nema seljaka.

Lav je jedini car kome to ljudi
ne osporavaju!

Kameleon je uvek u tonu.

Ljubav prema otadžbini je svaki put prva!

Narod koji je uvek na ispitu, ili je neuk,
ili previše zna!

Najlepše nam je sređena baština!

I zasluge za narod imaju periodiku.

Rodna gruda nas privija, a mi joj se dovijamo!

Državni aparati se najskuplje servisiraju!

Mali narodi imaju male prijatelje
i velike kumove.

Otadžbina nam je svakako majka.
Sporno je očinstvo!

Idući uzbrdo, nemoguće je da svi budemo na ravnoj nozi!

Ostao je rodoljub.
Prodao se za domaću valutu!

Što smo više zaljubljeni u domovinu,
ona se više uobražava!

Umesto punom parom, radimo pod gasom!

Ne utroši se sav pesak za vile.
Dosta je otišlo i u oči!

Mislio je da mu klimaju glavom,
a njima se prispavalo!

Ljude više ne cenimo po onome što daju,
već po onome što su uzeli!

Ne samo pesme; i narod nam postaje
novokomponovan!

Patriota nikad neće izdati zemlju!
Osim, možda, poneki plac.

Feministkinje svih zemalja ujediniće se
pre proletera.

Petao bira položaj da bi zapevao,
a student peva da bi izabrao položaj!

Simptomatično je što poslednja rupa na svirali daje ton!

Očekujemo renesansu humanizma!

Ne možemo svi dignuta čela!
Mnogima je čelo još nisko.

Ne verujemo da i posle nas
neće sve počinjati s nama!

Ponekad nam ne preostaje ništa,
do – da budemo ljudi!

Izmajmunisao je porodično stablo!

Ne poklanjajte kupljeno srce!

Krećući s početka, varamo se večitom mladošću!

Nekome se tek na bisti otvore oči!

Čovek uvek nečim napuni glavu.
Teško je sa stomakom!

Olakšica za đake u komunizmu:
učili bi samo zajedničke imenice!

Dok vam uzmu za zlo i za dobro,
ne ostane vam ništa!

Tragovi su mnogi od pećine!

»Sve je relativno,« rekoše relativni.

Blago noju! On tako visoko nosi svoja jaja!

Ne treba rušiti kule u oblacima!
Popadaće balvani...

Konac delo krasi i kad se provuče
kroz iglene uši!

Najširi su putevi bezumlja!

Jedino se u ratu isplati biti
promašen čovek!

I život se menja po licima!

Kraj je uvek logičan. Počeci – retko!

Krajnosti se dodiruju tamo gde u sredini
ničeg nema!

I zasede su istureni položaji!

Ratnim statistikama uvek promakne
poneki neznani junak!

Čoveka je najlakše kupiti,
samo – bez garancije!

Prošao je kroz trivijalnu kapiju!

Spokojni danju spavaju, a noću sanjaju!

Zime blage, a toliko prevejanih!?

Od kolevke, pa do groba,
najlepše je u kolevci!

Slobodan jedino suncu dozvoljava
da ga gleda odozgo!

Kad kola krenu nizbrdo,
i točkovi razmišljaju!

Isto nas sunce greje, samo nam u
različito vreme sviće!

Najbolje je onima koji žive kao biljke.
Svake godine cvetaju!

Pametniji popušta – živčano!

Mona Liza ne bi verovala koliko se
divimo njenom podsmehu!

Ala je lep ovaj polusvet!

Slagao je istini za volju!

Ne valja znati šta hoćeš, jer obično nećeš ono što znaš!

Raščistili smo sa paganstvom, ali sa žrtvenim jarčevima nismo!

Duboke uvrede teže se primećuju!

Više ni batina ne može da sastavi
kraj s krajem!

Iz iskustva se govori, ali daleko više se
iz iskustva ćuti!

Nije kod vas sve veštačko.
Prirodno ste glupi!

Ne treba ciljati u metu, treba metati u cilj!

Pogrešno je vreme u kome se mesto klatna
klate obešeni!

Kad ludačke košulje postanu modni hit,
važe za sve sezone!

Nemojte se jesti živi! Ispecite se!

S kim me to sopstvene oči varaju?

Ako je Bog od jednog rebra stvorio ženu,
šta bi tek stvorio od radijatora?!

Evin list pada u svako godišnje doba!

Eva i Adam su jedini idealan par!

Devojko mojih snova, pusti me da spavam!

Sve Jelene misle da su lepe
ili da su svete!

Još nije pronađen obrazac za
čarobni trougao!

Nabacite ženi perje da bi što pre odletela!

U životu, zvezde padaju – s nogu!

U ljubavi je od »ne« do »da«
samo jedan raskorak!

Glavno je da se držimo svoga!

Tajno oružje žena ne otkriva se
ni najveštijim pipanjem!

Nije čudo što mu je žena hladna,
kad je stub kuće!

Da li je i za Spartanke važila krilatica:
»S njim ili na njemu!«?

Igrajući se sa životom, još uvek vodim!

Put je živopisan, baš me briga kud vodi!

Opružila mi se šansa!

Čakam podne. Tada svi bacaju manju
senku!

Najpre sam bio goran.
Posle sam sebi krčio put!

Uvek svane kad nisam budan!

Neću da me okivaju, čak ni u zvezde!

Mislim, dakle, ne mogu da me smisle!

Upoznao sam sebe. A šta sad?!

Don Kihota je sve više:
fale nam vetrenjače.

Ako je svet u kome živimo i pijan,
neka ga ne trezni policija!

KOPRIVIŠTE

Svi propusti na putu su planirani!

Otac sa kačketom, sin sa etiketom.

Kad bih bio u toku, padao bih
na razne nivoe.

U lovu na veštice, trofej je metla.

Pravda je isplivala – na pusto ostrvo.

Poplavljeni su svi kapaciteti.
Isplivali su jedino balvani.

Paradoks: falsifikatori istorije
streljaju falsifikatore novca.

Svaki aforizam u ovoj knjizi može biti
upotrebljen protiv autora.

U komunizmu bi svako ismevao sebe,
pa satiričari ne bi ni bili potrebni!

BELEŠKA O PISCU

Milenko Pajović (1953), urednik u beogradskom »Ježu«, objavio je do sada knjigu poezije *Tamni snegovi* (1979), zbirke satiričnih aforizama *Koprivište* (1975), *Pametniji popušta* (1980), *Češljanje jezika* (1982), *Poznavanje prirode i društva* (1989), u dva izdanja, i roman *Kaži, kaži, Anita* (1984).

Za ediciju »Reč i misao« priredio antologiju *Nova Srpska satira* (1987).

AFORISTIČKO UMEĆE MILENKA PAJOVIĆA

Od svih književnih oblika aforizam je najmanje istražena, a u svakom slučaju, ponajviše zanemarena i potcenjena vrsta. Nije redak slučaj da čitalačka publika i književna kritika više drže do nekog osrednjeg romana, nego do nekog blistavo sročenog aforizma, kao da doista obim a ne kvalitet određuje mesto i rang umetničkih ostvarenja. Ma koliko ova poslednja istina bila očigledna i neosporna, činjenica je da neke književne vrste, već kao takve, imaju u očima čitalaca i kritičara nezasluženu prednost, upravo zato što su izvesna kvantitativna merila literarnog prosuđivanja još uvek na snazi, prisutna, doduše, ne kao neki artikulisani estetički program, već samo kao neizrečena pretpostavka naših estetičkih sudova.

Predrasudi o kojoj je reč najviše su podložni sudovi o ostvarenjima aforističara, jer aforizam nesumnjivo predstavlja žanr koji se u prvom redu odlikuje kratkoćom forme. Međutim, kratkoća forme, sama po sebi, ne može biti ni prednost ni nedostatak. Uspešno uobličeni aforizam raspoznaje se pre svega po tome što nas na maksimalno jezgrovit način suočava sa spoznajom nečeg što je u istorijskom ili psihološkom pogledu bitno.

Prema tome, kratkoća forme kad je o aforizmu reč predstavlja prirodnu posledicu već pomenute njegove jezgrovitosti. Međutim, ono bitno o čemu nam aforističari govore, nije, naravno, ni u njihovom slučaju neki takoreći matematički egzaktan odraz stvarnog sveta. Za razliku od drugih književnih vrsta, aforizam, štaviše, mnogo bolje podnosi paradoksalni, hiperbolični način viđenja stvarnosti, kako one istorijske tako i one psihološke.

Slikovito i jednostavno rečeno, dobar aforizam nalik je nekom intelektualnom blesku koji kratkotrajno, ali zato jarko i upečatljivo osvetli kakav duhovni predeo; istina, delimično izobličavajući njegove obrise, no upravo time čineći vidljivijim i izrazitijim izvesna ključna obeležja pomenutog predela.

To će, svakako, biti jedan od značajnih razloga što aforizam više od drugih književnih oblika pogoduje i različitim vidovima političkog angažovanja, pa aforističar može biti i sasvim direktno politički opredeljen a da to nimalo ne naudi umetničkoj vrednosti njegovih tekstova.

Da upravo tako stoji stvar sa aforističkom književnom formom, na najbolji način svedoče neki umetnički prilozi Milenka Pajovića, nesumnjivo izuzetno obdarenog pripadnika sada već glasovitog beogradskog aforističkog kruga. Za ovu priliku odabrali smo četiri takva priloga koji se, po našem mišljenju, naročito izdvajaju, da bismo na njihovom primeru potvrdili sve ono što je prethodno rečeno i da bismo, ujedno, u najkraćim potezima čitaocu predstavili Pajovićev umetnički postupak, tamo gde je ovaj autor dosegao svoje najviše domete.

Za početak, zadržaćemo se na aforizmu: »Narod koji ne veruje u Boga, lakoveran je.«

Najpre pada u oči vešto i duhovito odabrani protivstav verovanja i lakovernosti. Premda po nekom svom jezičkom korenu bliski, ovi pojmovi mogu se po značenju i veoma razlikovati, a stepen njihovog razlikovanja određuje se, po pravilu, pomoću izvesnog istorijskog ili psihološkog konteksta.

U ovom slučaju, kao i u mnogim drugim slučajevima, Pajović se koristi istorijskim kontekstom da bi čitaocu efikasnije saopštio svoju poruku. Duhovni pejsaž koji on osmišljava svojim svedenim i efektnim iskazom, pejsaž je onih političkih sistema nastalih početkom i sredinom ovoga veka, u kojima je ateizam postao neka vrsta zvanične i gotovo obavezne ideologije. Međutim, usvajajući, bilo pod pritiskom bilo spontano, ovu oficijelnu ideologiju, građani pomenutih režima usvajali su jedan socijalno-politički program, bez ikakvog stvarnog oslonca u istorijskoj realnosti, program prepun najneverovatnijih obećanja, od kojih se nijedno nije čak ni delimično ispunilo. Ko, recimo, ne zna za onu čuvenu devizu »stići i prestići najrazvijenije kapitalističke zemlje«, u čijem znaku su protekle brojne uzaludne godine u sovjetskim, kineskim, jugoslovenskim i drugim sličnim socijalističkim eksperimentima, i kome danas nije jasno da su to bile samo, manje ili više, grube propagandne obmane za lakoverne.

Sve to, i još mnogo štošta, podrazumeva aforizam Milenka Pajovića i na tu temu mogle bi se napisati još mnoge sociološke i istorijske rasprave. Međutim, umeće aforističarevo sastoji se upravo u tome što on, podrazumevajući izvesno ogromno istorijsko iskustvo, u malo reči, na paradoksalno zaoštren način, kazuje ono što bi inače zahtevalo čitavu jednu biblioteku.

Istim ovim umećem odiše i Pajovićev aforizam »Socijalizam je svetski proces koji je izgubljen.«

Ovoga puta, autor se majstorski poigrava dvoznačnošću termina »proces«. Sama reč, kao što se zna, može značiti i suđenje, odnosno parnicu, a može predstavljati i niz istorijskih događanja, sa različitim ishodima.

Opet je, naravno, istorijski kontekst ono što se i ovde podrazumeva, onaj kontekst koji Pajović indirektno i diskretno priziva u sećanje, kako bi osmislio i produbio prethodno pomenutu dvoznačnost. Apologeti socijalističke teorije i prakse lansirali su, kao što je poznato, u svoje vreme, krilaticu o tom famoznom »svetskom procesu«, u nameri da sebi i drugima – možda više drugima nego sebi – predoče navodnu nužnost i istorijsku zakonitost socijalističkog poretka.

Danas, međutim, jedva da nekome treba dokazivati da ovaj poredak, čija se krhka zdanja ruše širom zemaljske kugle, nije sudbina čovečanstva i da su se sva predviđanja njegovih ideologa i utemeljivača pokazala kao potpuno proizvoljna i neosnovana.

Istorijski kontekst tragičnog iskustva socijalističkih zemalja podloga je na kojoj Pajović gradi i svoj izvrsni i brojnim implikacijama bremeniti aforizam, posvećen marksističkoj utopiji: »Komunizam: svako će dobijati batine prema potrebama.«

Pajović, prirodno, računa s tim da svaki iole obavešteni čitalac zna za onaj čuveni Marksov koncept komunističkog društva budućnosti u kojem će navodno svako dobijati koliko mu srce želi.

U praksi, međutim, komunistički režim je svojim građanima u izobilju jemčio prinudu i zapt, dakle ono što naš aforističar obuhvata rečju »batine«. Da bi plastično prikazao ovaj drastični nesklad između vizije budućnosti, onakve kako ju je otac takozvanog naučnog socijalizma formulisao, i mračne i sumorne stvarnosti koju su nam njegovi sledbenici upriličili, Pajović je sa velikom merom sarkazma posegao za dvostrukom upotrebom pojma potrebe. Potrebe o kojima je reč, s jedne strane su one navodno izvorne čovekove potrebe, koje će tek komunističko društvo budućnosti, kako se verovalo, stvarno zadovoljiti a, s druge strane, to su i potrebe represivnih, totalitarnih režima socijalističkog tipa, zadovoljavane sa ciljem da se pomenuti režimi ustoliče i održe.

I najzad, još jedan izvrsni Pajovićev aforizam, posvećen maštanjima graditelja revolucionarnih sistema modernog doba. »Snovi revolucionara« – veli Pajović – »nisu se ispunili, ali su im se isplatili!«

To kako naš autor gradi ovaj aforizam mogli bismo nazvati paradoksalnim cinizmom, ili, možda, još bolje, ciničnim paradoksom. Da se snovi ne ispunjavaju notorno je poznata činjenica, ali da se snovi mogu unovčiti, odnosno isplatiti, to je već jedan paradoksalni i ujedno cinični obrt, na svoj način potvrđen onim istorijskim iskustvom modernih socijalističkih režima koje Pajović po pravilu uzima kao nešto što se podrazumeva i što predstavlja pomoćno, ali svakako neophodno sredstvo njegovog umetničkog postupka. Nije, naravno, danas nikakva tajna da su se mnogi dojučerašnji komunistički sanjari domogli takvih i tolikih privilegija o kojima su vlastodršci prethodnih režima mogli samo da sanjaju. Novi poredak, doduše, nije bio skrojen po meri njihovih snova, ali su zato ovaj svojevrsni neuspeh nosioci revolucionarnih promena više nego bogato naplatili, koliko u moći toliko i u novcu.

O svemu tome implicite govori Pajovićev aforizam, na izuzetno efektan i sažet način. Sve to autor je sabrao u spoznajnu žižu, ponešto iskošene, ali više nego upečatljive slike socijalističkog sveta na zalasku.

Nikola MILOŠEVIĆ

SADRŽAJ

VERBALNI DELIKTI 3
POZNAVANJE PRIRODE I DRUŠTVA (1989) 13
ČEŠLJANJE JEZIKA (1982) 61
PAMETNIJI POPUŠTA (1980) 85
KOPRIVIŠTE (1975) 115

Beleška o piscu 117

Nikola Milošević: *Aforističko umeće Milenka Pajovića* 119

RAD
Beograd
Moše Pijade 12

*

Za izdavača
Milovan Vlahović

*

Glavni i odgovorni urednik
Dragan Lakićević

*

Tehnički urednici
Jarmila Avdalović
Đuro Crnomarković

*

Korektor
Miroslava Stojković

*

Nacrt za korice
Janko Krajšek

*

Štampano
u 6.000 primeraka

*

Štampa
ČGP DELO
Ljubljana, Titova 35

CIP – Каталогизација у публикацији
Народна библиотека Србије, Београд

886.1/.2-84

ПАЈОВИЋ, Миленко
  Verbalni delikti / Milenko Pajović. – Beograd : Rad, 1990
(Ljubljana : ČGP Delo). – 123 str. ; 18 cm. – (Biblioteka »Reč
i misao« ; knj. 440)

Tiraž 6000. – Str. 119–123 : Aforističko umeće Milenka Pajovića / Nikola Milošević.

ISBN 86-09-00265-9

ISBN 86-09-00265-9

www.ingramcontent.com/pod-product-compliance
Lightning Source LLC
LaVergne TN
LVHW051133080426
835510LV00018B/2386